TOUT BRUGES

Photographies : Archive THILL, Danny de Kievith et Andrew Critchell.

Texte, mise en page/design et reproduction, entièrement conçues
et réalisées par les équipes techniques de
EDITORIAL FISA ESCUDO DE ORO, S.A.

156-164 rue Berthelot, 1190 Bruxelles Tél. 02/344.92.40
e-mail : info@thill-nels.com
website : thill-nels.com

D/2010/3216/43
I.S.B.N. 978-84-378-2586-1

ESCUDO DE ORO

La Grand Place.

Vue de la Grand Place avec le monument à Jan Breydel et Pieter de Coninck et le Palais Provincial.

INTRODUCTION

Ce livre voudrait être un souvenir durable d'une des plus belles villes du monde : Bruges. De superbes demeures patriciennes, d'imposantes églises et des oeuvres d'art d'une finesse merveilleuse y sont les témoins silencieux d'un glorieux passé. Un passé qui revit à intervalles réguliers lors de festivités et de cortèges grandioses que les spectateurs n'oublient pas facilement.

Bruges cependant ne se laisse pas bercer par le chant du passé. Encadrée de six communes périphériques actives et dynamiques, la vieille ville est le cœur vivant d'une communauté moderne. Une politique de restauration méthodique et suivie qui ne se contente pas de rafraîchir des façades, rend habitables de nombreux bâtiments historiques. La mer à qui Bruges doit son origine et sa prospérité médiévale est, depuis le début du XXème siècle, redevenue un atout majeur de son développement. Zeebrugge sur la Mer du Nord s'est véritablement acquis le rang d'un port mondial. Le visiteur s'y trouve successivement écrasé par le tumulte et l'activité propres à un port de mer et charmé par l'ambiance et la couleur locale des bateaux de pêche et du port de plaisance. Des distractions sans nombre, une plage accueillante et sans danger lui offrent en même temps l'occasion de se détendre et de jouir d'un repos revigorant. Bruges et ses environs fourmillent de restaurants sympathiques et attirants où le visiteur peut tester la qualité gastronomique d'un grand nombre de plats raffinés à base de viande ou de poisson.

Vue nocturne
du Beffroi.

La Grand Place au XVIIIème siècle.

DE JADIS A MAINTENANT

Le destin de Bruges a toujours été étroitement lié à celui de la mer. Une première agglomération se fixa en effet au bord d'un de ces bras de mer qui s'insinuèrent dans le continent entre le IVème et le VIIème siècle. En 862 Baudouin « Bras de Fer » enleva Judith, fille du roi de France, Charles le Chauve. Bon gré, mal gré, ce dernier expédia le gendre indésirable dans la province de Flandre, pour la défendre contre les incursions normandes. Les Normands, s'enhardissant toujours davantage, avaient déjà installé au fond de l'estuaire du Zwin un débarcadère, un « Bryggja » pour leurs navires. On admet généralement que le vieux mot Scandinave de « Bryggja » est à l'origine du nom actuel de Bruges.

Le fort ou « castrum » construit par Baudouin se mua progressivement en une ville et c'est en 875 qu'on trouve pour la première fois le nom de Bruges mentionné dans une chronique.

Au cours du Xème siècle on vit apparaître au voisinage immédiat du « castrum » un noyau commercial ou « portus » autour duquel Bruges et la Flandre devaient plus tard se développer. Vers 1 127 les divers quartiers habités furent réunis en une seule agglomération qu'on entoura d'un fossé. La même année le comte Charles le Bon fut assassiné et les marchands de Bruges obtinrent de participer à l'administration de la cité en occupant des charges d'échevins. Après avoir été un bastion militaire Bruges devint

Quai du Rosaire.

une métropole dont la puissance s'affirma au fur et à mesure que s'amplifiait son commerce. L'ensablement progressif du Zwin qui mettait Bruges en communication avec la mer put d'abord être compensé par la fondation, en 1 180, de l'avant-port de Damme, relié à Bruges par un canal.
Commerce et industrie, industrie de la laine principalement, firent de Bruges au XIIIème siècle une des villes les plus peuplées et les plus prospères d'Europe. L'hostilité qui couvait entre les riches marchands que soutenait le roi de France et les corporations moins fortunées qui avaient pour elles le comte de Flandre finit par éclater en 1 302. Les « Matines Brugeoises », massacre de la garnison française, furent suivies de la « bataille des Eperons d'Or » où l'armée du roi de France subit une défaite inattendue.
Cette épreuve de force qui permit aux guildes et aux corporations de prendre part, elles aussi, à l'administration de la cité, ne nuisit en rien à l'âge d'or que connut Bruges au XIVème siècle. Plaque tournante du commerce de la laine, ville hanséatique, marché mondial où 17 nations entretenaient une délégation permanente, Bruges attirait non seulement les marchands et les banquiers mais les artistes en tout genre.
Le même siècle vit, avec le mariage de Marguerite de Male et de Philippe le Hardi, l'avènement de l'ère bourguignonne qui fit de Bruges le siège d'une cour fastueuse. Fêtes grandioses, joutes et tournois, réalisations artistiques raffinées manifestèrent à l'envi l'opulence et la

La porte Béguinage en hiver.

Le Quai Vert.

splendeur d'une ville pourtant à la veille de son déclin. Le Zwin ne cessait de s'ensabler irrémédiablement, Anvers, qui avait en mains les meilleurs atouts, s'affirma comme rival dangereux.

Après la mort de Charles le Téméraire et de Marie de Bourgogne, Bruges tomba au pouvoir de la Maison d'Autriche en dépit de la résistance acharnée des Brugeois que Maximilien d'Autriche réussit à étouffer définitivement en 1488.

Anvers avait entre-temps réussi à tirer les marrons du feu et à ga-

Un artiste peint le Groene Rei ou Quai Vert.

Le Quai Vert.

Le Quai Vert en hiver.

Vue nocturne du Quai Vert et de la Place du Bourg avec la silhouette incontournable du Beffroi.

Vismarkt (marché aux poissons).

Le Lac d'Amour et la Maison de l'Eclusier (Sashuisje).

La place Jan van Eyck et une des nombreuses terrasses de cafés en été.

gner en importance. Bruges se maintint encore un peu de temps sur sa réputation mais au XVIIème et au XVIIIème siècle la fermeture définitive du Zwin comme voie d'eau commerciale la réduisit au rôle de figurant.
En 1 794, sous le régime français, Bruges devint chef-lieu du département de la Lys qui, à partir de 1 815, étant passé au pouvoir des Hollandais, prit le nom de Westflandre.
Le début du XXème siècle marqua un tournant grâce surtout à l'ou-

La typique taverne « De Garre ».

verture du port de mer de Zeebrugge en 1907. Par ailleurs, sous diverses influences littéraires dont celle du roman –bien démodé– de « Bruges la Morte » de Georges Rodenbach, des visiteurs de plus en plus nombreux voulurent connaître ce site romantique; ils furent au point de départ d'une activité touristique et hôtelière qui est devenue depuis la plus importante de la Belgique et une des plus intenses de l'Europe Occidentale.
Les nombreux monuments, ensembles architecturaux et oeuvres d'art ont traversé comme par miracle les deux guerres mondiales presque sans dommage ; à cela s'ajoute une politique de restauration intelligente qui fait de Bruges une ville unique en son genre où le passé et le présent se marient harmonieusement.
Une ville à découvrir !

Carmersbrug (Pont des Carmes).

Vue aérienne des places du Marché et du Bourg.

UNE VILLE A DECOUVRIR

Pour l'explorer, commencez de préférence par la **Place du Marché** : le **Beffroi**, au propre et au figuré, donne le ton. Du haut de 83 mètres de tour, le carillon fait chanter ses 47 cloches de bronze et c'est le début de l'enchantement. Depuis des siècles sa joyeuse musique a accompagné les heureux événements et annoncé parfois d'un son grave et funèbre de tragiques nouvelles. Les statuts de la ville, jadis proclamés du haut de son balcon, étaient appelés « Commandements de la Halle ». Les halles qui forment corps avec le Beffroi ont longtemps servi de marché couvert. Toutes les semaines en effet la Grand Place mérite son nom de « Marché », le mercredi matin, jour de marché – tradition qui remonte à l'an 958.

Le Beffroi récompense, avec une magnifique vue sur la ville ceux qui grimpent ses 366 marches. La montée permet aussi d'observer le mécanisme du carillon qui comprend trois parties : les cloches (47 cloches de bronze qui pèsent 27 tonnes), le clavier et le système automatique. A la 220ème marche, nous verrons la célèbre « Cloche Triomphante » qui ne sonne que pour des occasions très spéciales. Au niveau de la 333ème marche de l'escalier, on atteint la salle des machines. C'est là qu'est l'appareil qui fait jouer automatiquement le carillon. C'est un cylindre de cuivre massif, appelé tambour, de 2,5 m de long et de 2,06 m de diamètre. Il n'en existe pas de plus grand, il pèse 9.000 kg et il est percé de 30.500 ouvertures. Des chevilles d'acier mobiles sont fixées dans les ouvertures et, quand le cylindre tourne, ce sont elles qui entrent en contact avec les tiges d'acier et les leviers qui transmettent le mouvement aux marteaux des cloches. C'est 19 marches plus haut que se trouve le clavier du carillon. Pour jouer de cet instrument, le carillonneur appuie sur les touches qui sont reliées aux battants des cloches au moyen de tiges d'acier et de leviers. Pour jouer du carillon, il faut se servir de ses mains et de ses pieds et déployer un grand effort physique. Pour mettre en branle les battants

Le Beffroi.

Une partie du mécanisme du carillon.

Détail du Beffroi.

Le grand cylindre de cuivre qui fait fonctionner automatiquement le carillon.

des plus grosses cloches, il faut appuyer sur les pédales avec les pieds.

D'allure imposante, le **Palais Provincial** remplace l'ancienne Halle aux draps disparue en 1 787 et donnes voûtes enjambaient un canal : c'était là qu'on chargeait le drap sur les navires à fond plat qui se rendaient aux avant-ports pour revenir chargés des marchandises étrangères les plus diverses.

Les autres bâtiments qui encadrent la Grand Place ont un rôle dans l'histoire de Bruges. Au coin de la rue St-Amand, on peut voir la **Maison Boechoute**, avec sa façade du XVème siècle surmontée d'une rose des vents. Depuis ce palais, les magistrats pouvaient assister aux fêtes qui se déroulaient sur la place. De l'autre côté de la rue, la **Maison Craenenburg** est celle où l'archiduc Maximilien d'Autriche fut fait prisonnier en 1488, quand la population se révolta contre sa domination. Certaines maisons de la Grand Place, dont on remarquera le couronnement échelonné caractéristique, ont appartenu jadis à des corporations ou guildes et leur architecture en a gardé le souvenir : une corbeille couronne la façade de la maison des tisserands ; la date de 1 621 est celle du début de la construction de la maison des pêcheurs. Et la **statue de Jan Breydel et Pieter de Coninck** rappelle la lutte menée pour l'émancipation par les guildes et les cor-

Le Palais Provincial (XIXème siècle) et deux détails du Palais Provincial.

La Maison Boechoute et la Maison Craenenburg.

porations (1 302-1 304) ; ce monument fut érigé en son honneur en 1 887.
Par la Breidelstraat, on arrive sur **le Burg** (place du Bourg) où fut édifié en 864 la première forteresse comtale qui devait protéger le pays des incursions normandes. Vous avez ici sous les yeux une sorte d'anthologie architecturale. Style roman dans la crypte de la

Anciennes maisons corporatives avec leurs couronnements caractéristiques échelonnés, sur la Place du Marché.

Monument à Jan Breydel et Pieter de Coninck.

Basilique du St-Sang, gothique dans l'Hôtel de Ville, renaissance dans l'Ancien Greffe, classique dans le Palais de Justice et baroque dans l'ancienne Prévôté.

L'**Hôtel de Ville** dont Louis de Mâle posa la première pierre en 1 376 est l'une des premières expressions du style brugeois tel qu'on se le représente généralement. 48 niches comprises entre les fenêtres du haut et celles du bas accentuent le verticalisme très prononcé de l'ensemble qu'amplifient encore les clochetons pointus. Du haut du balcon de l'Hôtel de Ville, les comtes de Flandre juraient de respecter les libertés communales. C'est ici que se réunirent en particulier les Etats-Généraux des Pays-Bas, en 1 464. Au premier étage se trouve la Salle Gothique dont le superbe plafond de bois sculpté et doré mérite votre attention ; il fut réalisé entre la fin du XIVe et le début du XVème siècle. Les peintures murales de la salle, résultat d'une restauration de la fin du XIXème siècle, représentent des scènes historiques.

L'**Ancien Greffe Civil**, de style

Vue de la Place du Bourg avec l'Hôtel de Ville. A gauche, l'ancienne Greffe et à droite, la basilique du Saint Sang.

Deux détails de l'Hôtel de Ville. Les statuettes dans les niches représentent des personnages du passé de Bruges et du comté des Flandres.

Renaissance flamande (1 534-1 537) a successivement fait office de Greffe civil, de bureau de Police (après la Révolution française), de Justice de paix (depuis 1 883) et enfin, depuis 1 985, comme Archives Municipales.

La **Prévôté** (1 662) où jadis les prévôts de la cathédrale St-Donatien siégeaient pour administrer et rendre la justice dans le cadre de leur juridiction, est un bel exemple de style baroque.

Hôtel de Ville. Salle Gothique.

L'ancienne Greffe Civil.

Sous les arbres de la place avoisinant la Prévôté, on peut avec de l'imagination se représenter la majestueuse cathédrale St-Donatien qui, autrefois complétait le carré. Elevé en 900, ce sanctuaire abritait entre autres le tombeau de Jan van Eyck et de J. L. Vives, il fut démoli sous le régime français (1 799) et St-Sauveur prit sa place comme église principale et cathédrale. Bruges et Salamanque furent capitales de la culture européenne en 2 002. A cette occasion la ville commanda à l'architecte japonais Toyo Hito ce monument en plexiglas et aluminium, aérien, que nous pouvons contempler aujourd'hui sur la place et qui symbolise le XXIème siècle.

La **Basilique du St-Sang** se compose de deux chapelles superposées. Celle du dessous, St-Basile, a été érigée en 1 150 par Thierry d'Alsace pour servir de chapelle comtale. Elle servait de soubassement à une autre chapelle ro-

Détail de l'ancienne Prévôté. Le personnage central représente la Justice.

Monument au XXIème, œuvre du japonais Toyo Hito.

Crypte ou chapelle St-Basile.

Basilique du Saint Sang.

mane qui, depuis le XVème siècle, a été remplacée par une église plus vaste et de style gothique. C'est dans cette chapelle supérieure qu'est conservée la relique du St-Sang. Les vitraux d'époque qui étaient magnifiques ont été brisés lors de la Révolution Française et remplacés en 1 845 ; endommagés de nouveau par l'explosion d'une bombe ils ont été restaurés en 1 967 par le peintre brugeois De Lodder.

La Crypte ou chapelle St-Basile a été conservée dans son état original, de sorte qu'elle est la seule construction romane que la Flandre Occidentale possède encore. Rien ne peut égaler la simplicité de l'intérieur ni l'émouvante nudité de ses murs de pierre de ses trois nefs. Au cours de son riche passé la Crypte fut une chapelle comtale, l'oratoire des compagnons, le temple des guildes et le tribunal des conseillers. C'est dans cette chapelle qu'on garde la belle statue de Notre Dame de Grâce, Piëta du XIVème siècle ainsi que l'Ecce Homo, chef-d'œuvre de sculpture sur bois, d'une finesse incomparable. Derrière une grille en fer forgé, on peut apercevoir un fragment du carrelage d'origine, à petits carreaux ronds.

La chapelle supérieure contient une accumulation d'œuvres d'art : peintures, sculptures sur bois, orfèvrerie, un autel de marbre et une curieuse chaire en forme de globe terrestre, due à un sculpteur brugeois du XVIIIème siècle, H. Pulincx.

« Pietà » et « Ecce Homo », dans la crypte de la basilique.

Le joyau du musée de la basilique est évidemment le reliquaire d'or et d'argent doré, incrusté de pierres précieuses, œuvre de Jan Crabbe du XVIIème siècle.

Maître-autel de la chapelle supérieure.

Selon la tradition, la relique de Saint Sang a été apportée à Bruges à l'époque de la deuxième croisade, après avoir été vénérée à Constantinople. Chaque année au mois de mai (le jour de l'Ascension), la procession du Saint Sang à travers la ville en fête. C'est la manifestation folklorique la plus célèbre de Bruges. Plus de deux mille personnes y participent. Divers groupes escortent la relique. Ils sont vêtus suivant l'ancienne coutume et évoquent ce que fut Bruges

Saint Souper, œuvre d'albâtre du XVIème. siècle qui décore la table du maître-autel.

Autel du Saint Sang.

La relique du Saint Sang.

Reliquaire du Saint Sang.

Vitraux de la basilique.

Procession du Saint Sang.

Vue de la rue de l'Ane Aveugle, avec l'arc de l'ancienne Greffe.

Place des Tanneurs et détail de la colonne qui centre la place, avec l'emblème de cette corporation.

à son époque de splendeur, sous les bourguignons.
Par la **Blinde Ezelstraat** (rue de l'Ane aveugle) qui tire son nom d'une auberge qui aurait été située là, on débouche sur le **Marché aux Poissons** et sur la **Huidenvettersplaats** (place des Tanneurs). Au numéro 10, maison du XVIIème siècle, résidait cette corporation dont la colonne qui se dresse au centre de la place indique l'importance. On arrive ensuite au **Rozenhoedkaai** (Quai du Rosaire) d'où la vue est si harmonieuse que tous les visiteurs ont envie de la fixer sur papier. Au loin se profile déjà fièrement la tour de Notre-Dame.
Le **Pont Saint-Jean Népomucène** (Saint-Jans Nepomucenusbrug), se trouve à mi-chemin des quais avec sa statue de ce saint brugeois qui fut archevêque de Prague. Il fut soumis à la torture et ensuite jeté dans les eaux du Moldau, en 1 393, car il ne voulut pas trahir le secret de confession.
Sur le **Dijver**, juste après les bâtiments du **Collège d'Europe**,

Quai du Rosaire.

Pont Saint Jean Népomucène.

Pont Saint Jean Népomucène et la rue. Au fond, on aperçoit la Tour du Beffroi.

s'ouvre le **Musée Groeninge.** Musée communal des Beaux-Arts, construit sur les terrains de l'ancienne abbaye d'Eeckhout, il contient une collection exceptionnellement riche de peintures de ceux qu'on appelle «Primitifs Flamands» c'est à dire Jan van Eyck, Rogier van der Weyden, Gérard David, Hugo van der Goes, Hans Memling, etc. Par ailleurs on y trouve des exemples des principales tendances artistiques jusqu'à aujourd'hui. La section des « Primitifs » est enrichie d'un « Musée imaginaire » consacré à Van Eyck: des diapositives en couleurs particulièrement fidèles et de formats divers donnent une vue d'ensemble de l'œuvre de ce maître de la peinture flamande.
En quittant le musée vers la gauche, on arrive très vite dans un jardin paisible, oasis de verdure en pleine ville, c'est la **Cour Arents**. La **maison Arents** qui lui donne son nom est, elle aussi, un musée; on y a rassemblé trois collections différentes; d'abord des gravures et des aquarelles de l'artiste anglais Frank Brangwyn, léguées par lui à sa ville natale, ensuite une re-

Le Dijver et le pont Saint Jean Népomucène.

Musée Groeninge : « Le Baptême du Christ », de Gerard David († 1 523).
Archives photographiques du Musée Groneninge. Photo : M. Platteeuw, Bruges.

Musée Groeninge : « Triptyque Moreel » (1484), de Hans Memling († 1 494). Archives photographiques du Musée Groneninge. Photo : M. Platteeuw, Bruges.

Musée Groeninge : « La Madone et le chanoine », de Jan van Eyck († 1 441).
Archives photographiques du Musée Groneninge. Photo : M. Platteeuw, Bruges.

Musée Groeninge : « Le paiement de la dîme » (détail), de Pieter Bruegel Le Jeune (1 564-1 638).
Archives photographiques du Musée Groneninge. Photo : M. Platteeuw, Bruges.

Musée Groeninge : « Philippe le Bon », de Rogier van der Weyden (copie).
Archives photographiques du Musée Groneninge. Photo : M. Platteeuw, Bruges.

Musée Groeninge : « La Mort de la Vierge », de Hugo van der Goes († 1 482).
Archives photographiques du Musée Groneninge. Photo : M. Platteeuw, Bruges.

Le pont St-Boniface.

marquable collection de porcelaines, d'étains et de céramiques offerte en 1 977 à la ville par Melle Herssens de Hamme/St-Niklaas et pour finir une série de tableaux anciens représentant des vues de Bruges.

Le petit **pont St-Boniface**, vrai décor pour conte de fée, vous permet de passer devant le buste de l'humaniste espagnol, J. L. Vives, avant de gagner à droite la cour intérieure du **Palais Gruuthuse**.

Les seigneurs de Gruuthuse qui habitaient autrefois cette demeure, détenaient le monopole de la vente de la «gruut», mélange de plantes séchées servant à assaisonner la bière. Un des plus illustres descendants de cette famille fut sans aucun doute Louis de Gruuthuse qui inscrivit dans ses armoiries la devise « Plus est en Vous ». Il fut, au service des Bourguignons, habile diplomate, politicien et homme de guerre. Il mena une vie des plus actives, organisa par exemple de nombreux tournois, il offrit une généreuse hospitalité au souverain anglais exilé, Edouard IV (1 471), il réunit aussi une précieuse collection de livres et de miniatures qu'on peut encore admirer à Paris à la Bibliothèque Nationale.

Le palais est à l'heure actuelle un musée où sont rassemblées des collections très variées et de grande valeur: dentelles, monnaies, tapisseries, instruments de musique, armes, meubles, ustensiles de cuisine etc.

Un **musée lapidaire** y est adjoint, contenant des pierres tombales et diverses trouvailles archéologiques.

Tout cet ensemble architectural est dominé par la haute tour de **Notre-Dame** qui rivalise de beau-

Le Palais Gruuthuse.

La cour intérieure du Musée Gruuthuse.

Partie supérieure du portail d'entrée du Musée Gruuthuse vue de la cour intérieure.

Statue équestre de Louis de Gruuthuse, à la façade du palais.

té avec le Beffroi. La construction de l'église, de style gothique, cinq nefs et croix latine, commença en 1 210. La tour, de 122 mètres, fut achevée en 1 549. Cette église peut s'enorgueillir d'un riche patrimoine artistique dont la pièce la plus célèbre est peut-être la Madone à l'Enfant, sculptée par Michel-Ange en marbre blanc. C'est l'une des rares oeuvres du maître qu'on puisse voir hors d'Italie. Aussi célèbres, et a juste titre, sont les mauso-

Musée Gruuthuse. Vue de la cuisine.

Eglise Notre-Dame.

Le pont St-Boniface et église Notre-Dame.

lées de Charles le Téméraire et de Marie de Bourgogne; à remarquer aussi la tribune des seigneurs de Gruuthuse et le chœur orne des armoiries des chevaliers qui, en 1 468, prirent part au 11ème chapitre de la Toison d'Or.

A l'ombre de l'église se trouve **l'Hôpital St-Jean** qui, à partir de la deuxième moitié du XIIème siècle, servit non seulement au soin des malades mais aussi à l'héberge-

Eglise Notre-Dame : Abside.

Eglise Notre-Dame : Maître-autel et orgue.

Eglise Notre-Dame : « Vierge à l'Enfant » de Michel-Ange. Statue en marbre blanc (1 503-1 504).

Eglise Notre-Dame : Le tombeau de Marie de Bourgogne et de Charles le Téméraire.

Eglise Notre-Dame : Peintures murales funéraires.

L'Hôpital de St-Jean avec, à droite, l'entrée du Musée Memling.

ment des voyageurs. Construit au XIIème siècle, il a été utilisé jusqu'à en 1 977, il était alors un des plus anciens hôpitaux d'Europe encore en activité.
Jusqu'en 1 634 deux communautés, l'une de religieux, l'autre de religieuses assuraient le fonctionnement de l'hôpital. Jusqu'au transfert des divers services dans le

Hôpital Saint Jean. Détail du tympan de la façade de l'église qui représente la Dormition et le Couronnement de Marie.

Hôpital Saint Jean. Cour intérieure.

complexe moderne édifié en bordure de la ville, les sœurs ont travaillé ici. Les chambres du bas, le long du canal, recevaient les pestiférés en temps d'épidémie. La vieille pharmacie de l'hôpital a conservé, intacts, les bocaux en céramique et les mortiers de métal qui servaient à la préparation des médicaments. Les meubles de bois artistement travaillés sont aussi d'origine.

Dans l'hôpital, dans l'une des grandes salles pour malades, on

L'Hôpital Saint Jean. Vue depuis le canal.

« La Vierge à la Pomme », de Hans Memling.

« Le Mariage de Ste. Catherine » (détail), de Hans Memling.

a installé le **Musée** Memling qui réunit quelques-unes des œuvres les plus délicates et les plus parfaites de Hans Memling (1 433-1 494). Le triptyque du « Mariage Mystique de Ste-Catherine » attire d'abord les regards par ses dimensions mais les portraits de « Sybilla Sambetha » et de « Maarten van Nieuwenhove », la « Piëta », l'« Adoration des Mages » et la « Châsse de Ste.-Ursule » suscitent indéfiniment l'enthousiasme des visiteurs. Les chefs d'œuvre du peintre Hans Memling témoignent d'un art et d'une spiritualité raffinés à l'extrême.

Après avoir séjourné quelque temps à Cologne et à Bruxelles, Hans Memling, qui était originaire d'Allemagne, s'établit à Bruges où il devint en 1 467 maître de la guilde de St-Luc. Une version plus poétique, forgée après coup, voudrait qu'il ait été mercenaire dans l'armée de Charles le Téméraire, blessé lors d'une bataille près de Nancy, et qu'il ait par la suite donné plusieurs de ses oeuvres à l'Hôpital St-Jean en reconnaissance des bons soins qu'il y aurait reçus.

Ne négligez pas, avant de quitter l'hôpital, d'en visiter aussi la

Châsse de Ste. Ursule. Dans ce chef-d'œuvre de la peinture en miniature, réalisée par Hans Memling en 1 489, on peut voir des épisodes de la vie de la sainte. L'urne, de bois, à la forme d'une chapelle gothique.

Place de la Baleine (Walplaats) avec la tour de Notre-Dame.

Détail de la place de la Baleine.

vieille pharmacie, la salle de réunion des Tuteurs et la Chapelle des Sœurs.

Juste après le pont, **Mariabrug**, on aperçoit une des nombreuses « maisons-Dieu » que possède la ville; celle-ci s'appelle « Rooms Couvent ». Ces fondations étaient financées par des familles ou des corporations brugeoises qui les mettaient à la disposition des personnes âgées ou nécessiteuses.

Une ruelle étroite, Stoofstraatje mène à la **Walplaats** (place de la Baleine) où, par temps chaud, les **dentellières** font valser leurs fuseaux en plein air; de là on parvient au **Béguinage** (Begijnhof).

On dirait une petite ville dans la ville, une enclave où le temps n'aurait aucune prise. En 1299, un siècle et demi environ après sa fondation, Philippe le Bel l'éleva au rang de Béguinage Princier, le retirant ainsi à la juridiction de la ville. Issues de tous les milieux sociaux, les béguines de jadis se livraient à la vie mystique et aux travaux manuels sous la direction d'une supérieure appelée la Grande

Dentellière brugeoise.

Demoiselle. Mais l'histoire du Béguinage ne fut pas toute entière de douce quiétude : une inondation, un incendie, la fureur iconoclaste et la Révolution Française en furent des chapitres marquants. Les béguines elles-mêmes, à Bruges pour le moins, appartiennent au passé, des Bénédictines leur ont succédé, vêtues d'un habit qui rappelle celui des habitantes du lieu, au XVème

Réalisation de dentelles. La dentelle la plus fine et celle réalisée en « point de Bruges » une technique qui exige plus de 300 fuseaux.

Pont et porte d'entrée du Béguinage.

siècle. Comment vivaient les béguines de jadis, vous pouvez vous en faire une idée en visitant la maisonnette proche de l'entrée qui a gardé son aménagement d'époque.

Tout à côté du Béguinage, s'étend le romantique **Lac d'Amour** (Minnewater). Il est difficile aujourd'hui d'imaginer la fiévreuse activité qui y régnait quand il servait de port fluvial où accostaient de nombreux navires. Des cygnes blancs, des foulques noires glis-

Eglise du Béguinage, consacrée à Sainte Elisabeth.

Le Béguinage est l'un des endroits les plus placides et agréables de Bruges.

Promenade en calèche près du Lac de l'Amour.

sent sans bruit sur ces eaux calmes, tels des navires ignorant les naufrages.
En revenant sur nos pas, dans la rue Wijngaardstraat, nous passons par la rue Katelijnestraat où, au 43, se trouve le **Musée du Diamant de Bruges** (Diamantmuseum Brugge). La technique de polissage des diamants à travers un disque rotatoire fut inventée à Bruges au XVème siècle par l'orfèvre Lodewijk van Berquem. Les

Le Lac d'Amour.

Cygnes sur le Lac d'Amour.

Le Lac d'Amour et, à l'arrière-plan la tour de l'église Notre-Dame.

Musée du Diamant de Bruges: recréation de l'atelier de Lodewijk van Berquem.

Le Musée du Diamant de Bruges organise chaque jour une démonstration de taille et polissage de ces pierres précieuses.

riches ducs de Bourgogne promurent le développement de l'industrie des diamants et de la joaillerie. De nombreux monarques européens achetaient leurs bijous aux ateliers de Bruges. Ce musée permet de connaître l'histoire de l'industrie du diamant à Bruges et dans le pays. On peut aussi y voir l'atelier du légendaire inventeur et avoir la possibilité d'assister à une démonstration de taille de diamant. Nous pourrons aussi admirer un grand échantillon de bijoux portant des diamants.

A partir de la Katelijnestraat, en passant par la H.-Geeststraat nous arrivons a la **cathédrale Saint Sauveur**. Cette église existe depuis le IXème siècle mais, si l'on excepte les soubassements romans de la tour, elle est entièrement gothique. Il peut se targuer d'être le plus ancien bâtiment de briques de la Belgique, bien qu'il subisse quatre incendies et qu'il survécut aux troubles de la Révolution Française. Depuis 1 834 ce sanctuaire a été élevé au rang de cathédrale.

En y entrant on est d'emblée surpris par l'exubérance baroque de la chaire, œuvre de H. Pulincx jr (1 785), et par l'élégance du buffet d'orgue qui rehausse la valeur d'un instrument apprécié des mélomanes.

De nombreuses corporations, celles des cordonniers et des charrons par exemple, avaient ici leur propre

Echantillons de diamants non sertis et sertis dans une bague.

Cathédrale St-Sauveur.

Cathédrale St-Sauveur. Grand chœur.

chapelle. Comme à Notre-Dame, l'Ordre de la Toison d'Or tint ici en 1 478 un de ses chapitres. Les figurines de bois sculptées au-dessus et au-dessous des accoudoirs du chœur, exécutées à l'occasion de ce chapitre sont toutes de petites merveilles.
La cathédrale possède en outre quelques belles peintures et des

Cathédrale St-Sauveur. Tribune et orgue ; a gauche de la statue on distingue la chaire baroque réalisée par H. Pulincx le Jeune. Portail de cuivre (début du XVIIIème siècle) sous la tribune.

Cathédrale St-Sauveur. Détail du grand chœur et vitrail.

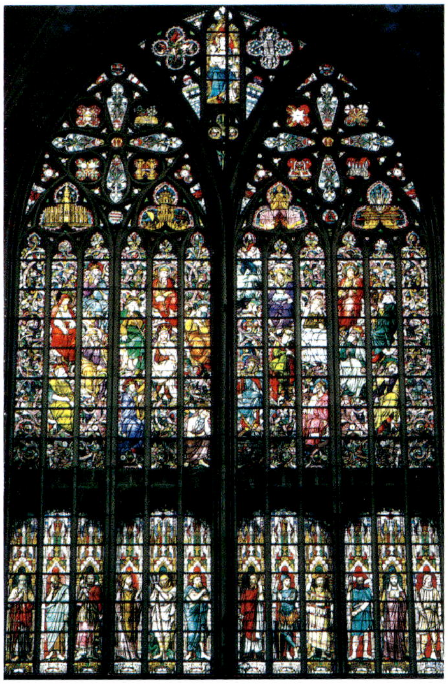

Monument à Simon Stevin.

tapisseries de valeur. De part et d'autre du majestueux maître-autel, deux mausolées de la fin ou baroque sont ceux de deux évêques de Bruges. Il y a aussi une grande sculpture du Créateur, œuvre d'Artus Quellin de 1 682.

Le musée attenant au sanctuaire recelé outre des tableaux de Dirk Bouts, Pieter Fourbus et Adriaan Isenbrant, des pièces de ferronnerie d'art, des sculptures et des broderies précieuses.

En quittant la cathédrale, observez dans une sorte de niche un Christ souffrant aux mains liées, a genoux sur la croix.

Le long de la **Steenstraat** ou rue des Pierres les amateurs de shopping et de lèche-vitrine sentiront battre leur cœur. Comme la rue parallèle qu'on appelle **Noordzandstraat**, cette artère est un paradis du commerce à Bruges. De la boutique sophistiquée au supermarché, on y trouve tous les genres de magasins, littéralement de tout pour tous les goûts. Toutes ces entreprises commerciales ne visent pas uniquement les bénéfices, on s'en aperçoit en observant avec quel goût certains grands magasins ont fait restaurer leurs façades, en grande partie a leurs propres frais.

La **Place Simon Stevin** se trouve près de la Steenstraat. Elle est

Vues du 't Zand et de la nouvelle Salle de Concerts.

présidée par une statue de l'illustre savant néerlandais né à Bruges (1 548-1 620). Nous pouvons aller jusqu'à la Place du Marché ou faire un détour afin de visiter deux agréables places. L'une est l'esplanade **'t Zand,** au bout de la Zuidzandstraat, à l'ouest de la Steenstraat. Une grande vasque, œuvre des sculpteurs Depuydt-Canestrano, préside l'endroit. Le bassin est décoré par plusieurs groupes sculpturaux : les personnages féminins symbolisent les quatre grandes villes flamandes (Anvers, Gant, Courtrai et Bruges), le pêcheur et ses compagnons font référence au lien séculaire entre Bruges et la mer. Les polders ou « pays bas » chantés par Jacques Brel sont aussi évoqués ici et les héros populaires Tyl Ulenspiegel (Tyl l'Espiègle) et son amie Nele se trouvent sur les cyclistes. L'office de tourisme est situé au 't Zand et environs la nouvelle Salle de Concerts.

L'autre place est **Muntplein** à laquelle on arrive depuis le « 't Zand » à travers les rues Noordzand, Geldmunt et Geerwijnstraat. Nous pouvons y admirer une statue équestre de la duchesse Marie de Bourgogne, souveraine des Flandres, qui mourut très jeune à cause d'une chute de cheval au cours d'une partie de chasse. Son corps repose à l'église Notre Dame. Vous revoilà bientôt sur la Grand Place où vous pourrez poursuivre votre découverte de Bruges en savourant un café ou une bière mousseuse et désaltérante.

Si cette première tournée de reconnaissance ne vous suffit pas,

Monument à la duchesse Marie de Bourgogne, souveraine des Flandres.

Le Théâtre Municipal.

le Marché peut vous servir de point de départ pour une seconde exploration. Vous le quittez cette fois par la **Vlamingstraat** ou rue Flamande ; la concentration des banques ici n'est pas un hasard, ce quartier est celui de la Hanse dont Bruges faisait partie.

Près de la Vlamingstraat, sur la place où s'élève actuellement le **Théâtre Municipal** (Stadsschouwburg) est resté pendant dix ans (1 468-1 478-) le Perron de Liège, symbole de liberté de cette ville et que Charles le Téméraire avait confisqué pour punir les Liégeois révoltés. Devant le Théâtre Municipal, édifice achevé en 1 869, on peut admirer une statue du sculpteur local Jef Claerhout, qui représente Papageno, le protagoniste de la « Flûte enchanté » de Mozart.

A droite du théâtre s'élève **l'Hôtel des Génois**. Deux autres maisons consulaires italiennes (Florence et Venise) actuellement disparues se trouvaient aussi dans le voisinage ; elles abritent aujourd'hui un restaurant et une librairie. Les marchands s'y rassemblaient, y entreposaient des marchandises et y installaient leurs consulats. Bien que Bruges ne puisse pas se vanter d'avoir jamais possédé une bourse, l'origine du nom se trouve là où vous êtes. Devant la maison **Ter Beurse**, habitée par la famille Van der Beurse, les négociants se réunissaient pour régler des affaires, changer de l'argent, etc. comme cela se fait encore dans les bourses officielles des capitales.

La **rue de l'Académie**, bordée de quelques belles façades renaissance, s'élargit en une place dont chaque édifice excite la curiosité et qui se prolonge par une ravissante perspective derrière la statue de Van Eyck.

Le Quai du Miroir, à l'arrière-plan l'ancienne Loge des Bourgeois.

La **Loge des Bourgeois** (Poortersloge) servait jadis de lieu de réunion et de détente à des bourgeois éminents. Le nom de «poorter» ne désignait pas quel qu'un qui vivait à l'intérieur des portes, il est dérivé de «portus» le port, le cœur commercial du vieux Bruges. Dans une niche de ce bâtiment qui abrite les Archives de l'Etat, se tient «Beertje van Brugge», l'ours légendaire. A l'occasion de certaines fêtes, il revêt un costume de circonstance. Cet ours qui figure aussi dans les armes de la ville aurait été le premier être vivant que Baudouin Bras de Fer aurait rencontré en ces lieux inhospitaliers, il y a 11 siècles, quand il prit possession de son fief.

L'ancien **Octroi**, devenu Bibliothèque Communale et ensuite Centre d'Informations Provinciales, et la maison attenante dite **Pijndershuis** (des portefaix) rappellent l'activité commerciale qui régnait autrefois sur cette place : les portefaix chargeaient et déchargeaient les navires, les seigneurs de Luxembourg percevaient l'octroi.

La maison dite **De Rode Steen** (la pierre rouge), à gauche sur le **Spiegelrei**, rappelle par une plaque le souvenir de Georges Rodenbach, auteur du roman «Bruges la Morte» qui eut son heure de célébrité.

Par la **Genthof** (cour de Gand) dont les façades en bois disparaissent progressivement depuis le XVIIème siècle à cause des risques d'incendie, puis par le **Woensdagmarkt** (marché du Mercredi) où se dresse une statue de Memling, on arrive à la **place des Oosterlingen**. Ces « Orientaux » étaient des représentants des villes allemandes de la Hanse: Cologne, Lubeck, Hambourg, etc. Cette puissante colonie étrangère fit de Bruges un des plus importants

La Maison des Portefaix.

comptoirs hanséatiques, au même titre que Londres, Bergen et Novgorod.

Quittant le **Spaanse Loskaai** (quai Espagnol) où se trouvait entre autres **l'Hôtel de Castille**, par le **pont des Augustins** (1 391), vous y revenez en prenant à gauche le **Vlamingbrug** (1 361). Une maison d'angle est pourvue d'une superbe loggia en briques récemment restaurée ; édifiée à la demande de la corporation des orfèvres, elle servait de fonderie.

Après le pont, la rue Pieter Pourbus, à droite, vous emmène dans la direction de **l'église St-Jacques**. Cette église, fondée en 1 240, fut au XVème siècle la paroisse des ducs de Bourgogne et de riches marchands étrangers qui l'agrandirent et la décorèrent somptueusement. Les iconoclastes la ravagèrent en 1 580 et elle fut restaurée au cours des deux siècles suivants dans le style baroque. Son patrimoine artistique est extrêmement abondant, les pièces les plus célèbres étant la lame funéraire en cuivre de Catherine d'Ault, le monument funéraire de Ferry de Gros, trésorier de l'Ordre de la Toison d'Or et une Madone en terre cuite émaillée de Délia Robbia, sans parler des remarquables peintures de J. van Oost, A. Cornelis et L. Blondeel.

En suivant la rue St-Jacques en direction de la Grand Place, vous enfilez à gauche la Naaldenstraat (rue de l'Aiguille). La **Cour Bladelin**, occupée à l'origine par Pierre Bladelin, trésorier de la Toison d'Or et camérier du Duc de Bourgogne, passa aux mains de la famille de Médicis. Tomasso Portinari, agent

La Porte Sainte-Croix.

et banquier de Laurent de Médicis, s'y établit et finit par l'acheter en 1 480. Les médaillons des murs représentent quelques uns des plus illustres occupants de la maison.
Au bout de la rue, à droite par la Kuipersstraat, on arrive au **Eiermarkt** (marché aux oeufs) où de sympathiques terrasses de cafés, en été du moins, invitent à la pause. Vous retrouvez ici l'Ours de Bruges en statue sur la jolie fon-

La Porte de la Sainte Croix, vue depuis le canal.

Ezelpoort (Porte de l'âne).

La Porte Maréchale.

taine qui se trouve au milieu de la place.
Pour aller à la découverte du folklore brugeois on peut, par exemple, prendre le départ à la **Kruispoort (Porte Ste-Croix)**. On l'atteint à pied depuis la Grand Place en suivant Breidel-, Hoog-, et Langestraat, mais de fréquents autobus peuvent vous y mener en un rien de temps.
Deux fortifications antérieures ont précédé, à cet emplacement, l'actuelle Porte Ste-Croix. On y voit encore la trace des raccordements des remparts, aujourd'hui disparus. La Porte abrite un musée qui retrace environ un siècle et demi d'histoire militaire ; la plupart des objets toutefois ont trait aux deux guerres mondiales.
Au XVIIIème siècle, sous le régime autrichien, l'empereur Joseph II fit systématiquement démolir les portes fortifiées mais, outre la Porte Ste-Croix, il en reste trois autres:

Moulin à vent St.-Janshuismolen.

Moulin à vent près de la Porte de la Sainte Croix.

Statue de Guido Gezelle.

la **Porte de Gand**, la Porte d'Ostende, connue aussi sous le nom de **Porte de l'âne** (Ezelpoort), et la **Porte Maréchale** (Smedenpoort). Sur un des murs de cette dernière porte est appliquée une tête de mort en bronze qui rappelle la trahison d'un habitant d'Eeklo qui, en 1 691, tenta d'ouvrir les portes à l'envahisseur.

Près de la porte Ste-Croix, trois **moulins à vent** brassent l'air de leurs ailes. L'un d'entre eux, le **St-Janshuismolen**, fonctionne encore et peut être visité, en été, intérieur et extérieur. Sur le plan dessiné en 1 562 par Marcus Gerards, on compte 25 moulins, édifiés sur les remparts de la ville, aux endroits où l'on pouvait le mieux capter le vent.

A gauche du premier moulin, dans le Rolweg, on peut visiter la **maison natale de Guido Gezelle** (1 830-1 899), le célèbre poète brugeois. L'administration communale en a fait l'acquisition en 1 925 et l'a transformée en un musée littéraire et didactique qui évoque la vie et l'oeuvre du prêtre-poète. Les noms des rues dans ce quartier rappellent plusieurs des contemporains de Gezelle : Hugo Verriest, Albrecht Rodenbach et Stijn Streuvels par exemple.

C'est dans le Rolweg que se trouvent aussi les terrains et les locaux de la **Guilde des Arbalétriers de St-Georges**. Dans la rue voisine, la Carmersstraat, se sont installés les **Archers de St-Sébastien**. L'une et l'autre de ces associations faisaient, au moyen âge, partie de la milice de la ville. Les armoiries de Jérusalem, reprises sur

Maison natale de Guido Gezelle.

Musée du Folklore.

leur écusson, indiquent qu'elles ont pris part aux croisades.
Après avoir longé les hauts murs du **Couvent Anglais**, où s'écoulèrent les dernières années de Guido Gezelle, vous prenez à gauche la Speelmansstraat, puis la Balstraat.
Une rangée de maisonnettes où les membres retraités de la corporation des cordonniers venaient jadis finir leurs jours a été restaurée pour abriter le **Musée du Folklore**. Divers intérieurs d'autrefois ont été habilement et amoureusement reconstitués :

Musée du Folklore. Vieille auberge.

Eglise de Jérusalem.

une salle de séjour, une auberge, une boutique d'épicier et une d'apothicaire.
De l'autre côté de la rue, le **Centre Dentellier** (Kantcentrum) s'applique à perpétuer la tradition séculaire de la dentelle aux fuseaux en renouvelant aussi les motifs classiques. Il existe des cours d'initiation ainsi que des séances ouvertes à toutes les personnes intéressées qui veulent se perfectionner dans le maniement subtil des fuseaux.
L'**église de Jérusalem** dont le curieux clocher domine les basses maisons d'alentour est un étrange assemblage de styles divers. Cet édifice gothique surmonté d'un clocher d'allure orientale a été construit pour le compte d'une noble famille italienne, les Adornes, qui s'était fixée à Bruges au XIIIème siècle. Les plans se seraient inspirés de ceux de l'église du St-Sépulcre à Jérusalem où différents membres de la famille des Adornes s'étaient rendus en pèlerinage.
Vous pourrez remarquer en la visitant les magnifiques vitraux qui sont les plus anciens de Bruges, le tombeau d'Anselme Adornes et de son épouse, l'autel de pierre et son calvaire et la crypte qui, par sa conception et ses dimensions, reproduit fidèlement le Tombeau du Christ à Jérusalem.
Il reste encore 6 des 12 maisons-Dieu attenantes à l'église que les Adornes avaient fait construire pour des veuves sans ressource.
Tout près de là, **l'église Ste-Anne** pointe vers le ciel un clocher des plus aigus. Ce sanctuaire, où fut entre autres baptisé Guido Gezelle, est souvent qualifié d'église-salon.

Le Vlissinghe, la plus ancienne auberge de la ville encore en activité.

Eglise St-Gilles.

Démolie en 1 581 par les Gueux au cours des guerres de religion, elle fut reconstruite par les soins de généreux mécènes, elle devint alors cet ensemble exubérant où le marbre, le cuivre et le bois sculpté montent harmonieusement à l'assaut des voûtes.

Dans la Blekersstraat, une des petites rues qui donnent dans la Jérusalemstraat, se trouve la plus ancienne auberge de la ville, le **Vlissinghe**. Dans ce cadre vénérable qui date du XVIème et du XVIleme siècle, vous pourrez refaire vos forces en vue de la dernière partie de votre promenade.

La Blekersstraat (rue des Blanchisseurs) débouche sur le quai Ste-Anne que vous suivez vers la droite. Vous passez l'eau par le deuxième pont et vous enfilez la St-Gilliskoorstraat, perpendiculaire au Lange Rei (quai Long), pour atteindre **l'église St-Gilles**. C'est un exemple frappant de ce qu'on appelle une «église-halle», c'est à dire à trois nefs d'égale hauteur. Dans l'église ou dans le cimetière qui l'entourait seraient enterrés des peintres célèbres comme Hans Memling, Lanceloot Blondeel et Pieter Fourbus.

On revient au quai Long pour retraverser le canal et atteindre le quai de la Potterie. Le **Séminaire diocésain** occupe actuellement ce qui fut l'abbaye des Dunes. Située primitivement à Coxyde, elle fut en 1 796, sous le régime français, vidée de ses derniers Cisterciens qui s'installèrent alors à Bruges.

Quai de la Potterie. « Les Sept Maisons de Pestiférés ».

Ce Séminaire possède de nombreuses oeuvres d'art et surtout une précieuse collection de miniatures qui ne sont malheureusement pas accessibles au public. Le **complexe de Notre-Dame de la Potterie**, hospice fondé en 1 276 et qui continue de recevoir les personnes âgées, se compose d'une chapelle et d'un musée d'une richesse incroyable en orfèvrerie surtout: calices, monstrances, encensoirs d'or et d'argent. Le nom de « Potterie » rappelle la corpo-

Eglise de la Potterie.

ration des potiers qui avaient autrefois leur chapelle ici.
Ce sanctuaire était dans le temps le refuge des femmes malheureuses. Aujourd'hui encore on peut y admirer au milieu du maître-autel la statue de Notre-Dame de la Guilde des Potiers, vénérée depuis le XIIIème siècle. Chaque année, la veille de l'Assomption, une procession part de la chapelle de N.D. des Aveugles qui se trouve en bordure de la ville, pour apporter à l'église de la Potterie un grand cierge promis a Notre-Dame. Cette tradition remonte aux guerres du XIVème siècle, époque où les Bourgeois menacés se mirent sous la protection de la Vierge.
Vous pouvez achever votre exploration au Lange Rei et prendre un autobus pour la Grand Place. Mais si vous revenez par les quais jusqu'à la Blekersstraat et que vous traversez le pont à votre droite, vous pouvez en prenant la deuxième rue à gauche visiter encore l'**église Ste-Walburge**. Cette église, primitivement dédiée à saint François Xavier, a partagé les vicissitudes de l'ordre des Jésuites qui en a assuré la construction. En 1 779, après la suppression de l'ordre, l'église fut récupérée par la paroisse Ste-Walburge qui avait besoin d'un sanctuaire. Elle connut encore des jours troublés quand la Révolution Française la transforma en Temple de la Raison. En dépit de ce passé mouvementé, l'église a conservé de nombreux souvenirs de sa splendeur première : sa chaire, sculptée par Quellin le Jeune, son banc de communion, la garniture du chœur, les statues des apôtres, etc.

Eglise Ste-Walburge.

Une des façons les plus pittoresque de connaître Bruges : réaliser une excursion sur les canaux, aussi bien de jour que de nuit, au coucher du soleil.

Les calèches typiques permettent de réaliser de belles promenades à travers Bruges.

Damme. Hôtel de Ville.

DAMME

Le paysage flamand où s'insère la vieille ville de Bruges a son charme particulier. Les bois et les canaux alternent avec les polders et les champs cultivés ; fermes, châteaux et villages aussi se succèdent. Damme est un bon exemple. Le village se trouve à quelques kilomètres de Bruges, sur les berges du canal Brugge-Sluis. A l'origine, le village se trouvait sur une digue ou dam en hollandais, d'où son nom. Il connut une grande prospérité au Moyen Age lorsqu'il devint, en 1 180, l'avant-port de Bruges à cause du dessèchement progressif du Zwin. Mais à partir du XVIème siècle et devant la nouvelle importance du port d'Anvers et la clôture définitive du Zwin en tant qu'artère fluviale furent la cause de son déclin comme grand centre commercial.

L'Hôtel de ville, l'Hôpital Saint Jean et l'église Notre Dame sont témoins de son passé glorieux. L'**Hôtel de ville**, construit en 1 464 et 1 467, présente sur sa façade principale un palier voûté avec un escalier double flanqué par des lions. Les statues dans les niches représentent des personnages importants des Flandres et de Bourgogne tels Philippe d'Alsace et Charles le Téméraire. La statue placée devant l'Hôtel de ville représente Jakob van Maerlant, écrivain du XIIIème siècle qui écrivit pour la première fois son œuvre littéraire en flamand. Il est considéré comme étant le père de la poésie flamande. Le musée d'histoire de la ville se trouve dans l'Hôtel de ville. L'**Hôpital**

Damme. Eglise
Notre-Dame.

Saint Jean fut fondé par Marguerite de Constantinople au XIIIème siècle. Son musée conserve des meubles, des documents et des objets d'art ancien. L'**église Notre Dame** remonte elle aussi au XIIIème siècle. Remarquons sa tour imposante de 45 mètres. Nous vous recommandons d'y grimper afin de dominer une vue magnifique de Damme et de ses alentours.

L'autre endroit intéressant est le **Musée Ulenspiegel**, consacré au héros populaire qui lutta pour la liberté de la Belgique devant le roi Philippe d'Autriche, gouvernant étranger. La tradition veut que Tyl l'Espiègle naisse à Damme en 1 527. le musée se trouve dans ladite De grotte Sterre, une maison en brique du XVème siècle, la plus vieille de la ville, juste devant l'Hôtel de ville.

Tout au long du canal, le visiteur tombera sous le charme du moulin à vent, d¡une vieille ferme et des typiques files d'arbres.

Moulin à vent de Damme.

Damme. File d'arbres au bord du canal Brugge-Sluis.

KAREL VAN MANDERSTRAAT
SINT GODELIEVEDREEF
DE TUINTJES
EDESTRAAT
KAREL VAN MANDRESTRAAT
KLOOSTERMOLEN
DOOGHE
JULIUS DELAPLACESTRAAT
KARTUIZERSSTR.
DAMPOORTSTRAAT
KRUISPOORT
DRIEKONINGENWEG
MAALSE STEENWEG
KRUISPOORTBRUG
50
GERECHTSHOF
MUURDER DOODGESCHOTENEN
N374
DAMSE VAART-ZUID
KANAAL VAN BRUGGE NAAR SLUIS
NOORWEEGSE KAAI
DAMPOORT
ZUIDERVAARTJE
TENNISKRING T VRIJE
SPORTCENTRUM RUST-ROEST
KORTE SPORTSTRAAT
SPORTSTRAAT
KOOLSTUK
PARADIJSSTR.
R30
BUITEN KRUISVEST
54
BONNE CHIERE
BAPAUMESTR.
LANGESTRAAT
ST-JANS HUISMOLEN
55
KRUISVEST
SCHUTTERIJ ST-JORIS
61
GUIDO GEZELLE-WARANDE
GEZELLE-MUSEUM
GEZELLE-KWARTIER
60
SCHUTTERSGILDE ST-SEBASTIAAN
DAMPOORTSTRAAT
DE NIEUWE PAPEGAAI
56
PAPEGAAISTR.
OOST-PROOSSE
KOOLKERKSESTEENWEG
KOELEWEIMOLEN
ST.LEONARDUSBRUG
SASPLEIN
BUITEN DE DAMPOORT
LEESTENBURG
HAARAKKERSSTR.
PETERSELIESTRAAT
HEMELRIJK
CARMERSSTRAAT
ROLWEG
VERRIESTSTRAAT
HUGO
ALBRECHT RODENBACHSTR.
63
62
KANT-CENTRUM
PEPERSTRAAT
RODESTRAAT
MOLENMEERS
59
ENGELS KLOOSTER
KORTE SPEELMANSSTR.
BALSTRAAT
SPEELMANSSTR.
64
ST-ANNA KERK
44
ST-ANNAPLEIN
JERUZALEMSTR.
R30
MUELENAERELAAN
GRAAF DE
KOETELWIJK
DUDZEELSE STEENWEG
FORT LAPIN
HANDELSKOM
LANGE REI
58
O.L. VROUW TER DUINEN
GROOT SEMINAIRE
OLIEBAAN
SNAGGAARDSTRAAT
ROPEERDSTRAAT
RIJKEPIJNDERSSTRAAT
POTTERIE-MUSEUM
WULPENSTRAAT
POTTERIEREI
57
DUINENBRUG
ABDIJSTR.
DUINEN
GOTJE
ELISABETH ZORGHESTR.
ST-LEO COLLEGE
SINT-ANNAREI
VERVERSDIJK
43
KOMVEST
'S-GRAVENSTRAAT
S. GRAVENHOF
STOKERSSTRAAT
LANGEREI
K.M.P.I.
POTTERIEREI
CARMERSBRUG
STROOIBRUG
KROMMESTR.
HAVENSTR.
WARANDEBRUG
WALWEINSTR.
WALWEINSTR.
JULIUS EN MAURITS SABBESTRAAT
KLEINE NIEUWSTRAAT
SAREPTA
LANGEREI
GOUDEN-HANDBRUG
KADASTER
48
COL.MANSIONSTR.
ST-GILLISKERKSTR.
SPIEGELREI
KONINGSTR.
ENGELSESTR.
HAVENSTR.
SLUISSTRAAT
BRITSE KAAI
SCHIPPERSSCHOOL
CALVARIEBERGSTRAAT
BALIESTRAAT
BALIESTRAAT
ST-JOZEF-INST.
ST-GILLIS KERK
16
J.VAN EYCKPLEIN
XAVERIUS KLINIEK
WOENSDAGMARKT
SPANJAARDSTR.
ACADEMIESTR.
GOUDEN-HANDREI
SINT-PIETERSKAAI
VLOTKOM
ST.GILLIS
KON. ATHENEUM
ANNUNTIATENSTRAAT
BIDDERSSTRAAT
WESTGISTELHOF
HOEDENMAKERSSTR.
KORTEWINKEL
14
EMILE COUSINDOK
J. SABBEKAAI
SLUISSTRAAT
KOMVEST
TER PANNE STRAAT
DIKSMUIDESTRAAT
BARON RUZETTE-PARK
SINT-CLARADREEF
SINT-CLARASTRAAT
JAMES WEALESTR.
SINT-CLARASTRAAT
JAN MIRAEL STRAAT
VLAMINGBRUG
KRAKELEWEG
KRAKELEBRUG
R30b
IJZERSTRAAT
KONINGIN ELISABETHLAAN
VLAMINGDAM
SINT-JORISSTRAAT
H.P.O. NORMAALSCHOOL
KARMELIETENKERK
HOF VAN BLADELIN
65
47
ST-JAKOBS KERK
EZELBRUG
R30
KOLENKAAI
DIKSMUIDESTRAAT
LEOPOLD II-LAAN
WERFSTRAAT
GOMBERTSTRAAT
NIKOLAAS
ELF-JULISTRAAT
KLAVERSTRAAT
BLOKSTRAAT
H. LOSSCHAERTSTR.
JAN BONINSTR.
AZIJNSTR.
POITEVINSTR.
ZAKSKE
OUDE ZAK
EZELSTRAAT
HANDELSKAMER
RAAMSTRAAT
KANAAL VAN GENT NAAR OOSTENDE
LUIKSTRAAT
WERFPLEIN
MERCIERSTR.
STÜBBEN-KWARTIER
VELDMAARSCHALK FOCHSTRAAT
N30
BIEZENSTRAAT
49
PASTOOR VAN HAECKE PLANTSOEN
GIETERIJSTRAAT
ROZENDAL
GROENESTRAAT
TECHN. INST. H. FAMILIE
SINT-PIETERSGROENE STRAAT
VAARTSTRAAT
VEEMARKTSTRAAT
PATHOEKEWEG
SINT-PIETERSKAAI
KOLENKAAI
KARDINAAL MERCIERSTRAAT
EZELPOORT
N9
GULDEN-VLIESLAAN
STILL EINDE
FILIPS DE GOEDELAAN
ZWALUWENSTRAAT
DIRK BOUTSSTR.
HOUTHULSTSTRAAT
LEOPOLD II-LAAN
SCHEEPSDALELAAN
EZELPOORT
KEIZER
KARELSTRAAT
GOUDEN-BOOMSTRAAT
LAUWERSTRAAT
GRAAF VISARTPARK
KAREL DE STOUTELAAN
MARIA VAN BOURGONDIELAAN
SINT-PIETERSZUIDSTRAAT
SLACHTHUIS
ROND DEN HEERDSTR.
SLACHTHUISSTRAAT
KOLENKAAI
MIN-VAN FINANCIËN

N337
KRUISBOOG-STRAAT
DHOORESTRAAT
KORTE WEG
TEBIJSTRAAT
SPEELPLEIN
BLOSO-CENTRUM JULIEN-SAELENS
VAN STEENESTRAAT
DAVERLOSTRAAT
GENERAAL LEMANLAAN
NIJVERHEIDSSTRAAT
BUITEN KAZERNEVEST
CES. GEZELLESTR.
LELIESTRAAT
STRAAT
WEIDE
HOEVE LELIE
EVERT VAN T PADSTR.
BLEKERIJSTRAAT
GENTPOORT
R30
KAZERNEVEST
BILKSKE
GANZENSTRAAT
HOOGSTUK
HOOI-STRAAT
MOERKERKESTR.
GANZEN-PLEIN
BUITEN BONINVEST
N337a
DAVERLOSTRAAT
WIELANTSTR.
FILIPS
RUBENSLAAN
BLOEMEN-STR.
TUINSTRAAT
ROZENSTRAAT
BEGONIA STRAAT
HORTENSIA-STRAAT
JASMIJN STRAAT
PIOEN STRAAT
ROZENSTRAAT
SINT-KATARINASTRAAT
ST.-KATA-RINAKERK
HADEWIJCHSTRAAT
JAN VAN RUUS-BROECSTR.
WEIDESTRAAT
WANTESTRAAT
E. VAN OYE-STR.
WAGNERSTRAAT
PREDIKHERENREI
COUPURE
GAPAARDSTRAAT
STRAAT
VIZIER-
BONINVEST
GENT-POORT-BRUG
52
BUITEN
VESTINGSTRAAT
JAN BLOCKX-STR.
EDWARD DE DENESTRAAT
VRIJHEIDSSTRAAT
TER LAKE
WANTESTRAAT
COUPURE-BRUG
PREDIKHERENREI
COUPURE
WITTELEERTOUWERSSTRAAT
SCHAARSTRAAT
VIOLIER-STRAAT
WILLEMIJNENDREEF
GENTPOORTSTR.
OUDE GENTWEG
GENTPOORTVEST
R30
GENTPOORTVEST
KATELIJNEPOORT
JAN MORITOENSTR.
CAM. VAN DE WALLE-DE GHELCKESTRAAT
VESTING STRAAT
MINDERBROEDERSSTRAAT
ASTRID PARK
N50
BARON RUZETTELAAN
ST. MAGDA-LENA KERK
NIEUWE GENTWEG
JAKOBINESSEN STRAAT
REGIE DER GEBOUWEN
BOUD. RAVESTRAAT
GENTPOORTVEST
KATELIJNE-BRUG
SINT-TRUDOLEDEKEN
KONINGIN
STALIJZERSTRAAT
PARKING PANDREITJE
K.H.B.O.
10
SENTILLEN-HOF
BRUGGE-GENT
GARENMARKT
KON. TECHN. ATHENEUM
WERKHUISSTRAAT
VISSPAANSTRAAT
BARGEWEG
KATELIJNEVEST
COLETIJNEN-STR.
R30a
BUITEN KATELIJNEVEST
KANAAL VAN GENT NAAR OOSTENDE
MEESTRAAT
BRAAMBERGSTR.
STEENHOUWERSDIJK
MEE-BRUG
WALSE-STR.
JOZEF SUVEESTR.
WILLEM-STR.
9
15
20
EEKHOUTSTR.
ST. ANDREAS-INSTITUUT
REDEMPTO-RISTINNEN
PARKING BEGIJNHOF
SULFERBERG-STRAAT
DRIE KROEZEN-STR.
GROENINGE-MUSEUM
EEKHOUTPOORT
6
7
B
B
STAD-HUIS
BURG
BAS. V.H. HEIL.BLOED
J. NEPOMU-CENUSBRUG
EUROPA-COLLEGE
11
22
GROENINGE
NIEUWE GENTWEG
OUDE GENTWEG
KATELIJNESTRAAT
ARSENAALSTRAAT
PARKING AUTOCARS
BARGE WEG
HENDRIK PULINXBRUG
PARKING KATELIJNE-POORT
5
8
BREIDELSTR.
WOLLESTRAAT
B
ARENTSHUIS
29
DIJVER
GRUUTHUSE-MUSEUM
O.-L.-VROUWE KERKHOF ZUID
KASTANJEBOOMSTRAAT
NOORDSTR.
STED. ACADEMIE
41
3
1
HALLESTRAAT
KARTUIZERIN
OUDE KARTUI-ZERINNEN-KERK
GRUUTHUSESTR.
B
26
25
MARIA BRUG
WIJNGAARDSTRAAT
WALSTR.
STOOFSTRAAT
WALPLEIN
WIJN-GAARD-PLEIN
MINNEWATER
R30
VAARTDIJKSTRAAT
2
ST.-GODE-LIEVE-INST
OUDE BURG
NIEUWSTRAAT
ST.-FRANC. XAV. INST. G. GEZELLE-PLEIN
MEMLING MUSEUM
34
ZONNEKEMEERS
39
BEGIJNENVEST
STEENSTRAAT
SIMON STEVIN-PLEIN
MARIA-STRAAT
HEILIGE GEESTSTR.
O.L. VROUWE-KERK
42
PROF.DR.J. SEBRECHTSSTR.
POORTOREN
KETSBRUGGESTR.
45
BISDOM
OUD SINT JANS HOSPIT AAL
VERPLEEGSTERS-SCHOOL
BEGIJNHOF
WEVERSHOF
40
RUSTOORD MINNEWATER
BEGIJNENVEST
46
ZILVERSTRAAT
ST. SALVATOR-KATHEDRAAL
ST. JOZEF
SINT-
ORANJE-BOOM-STR.
OOSTMEERS
PARKING KETSBRUGGE
NOORDZANDSTRAAT
PARKING ZILVERPAND
WINKEL-CENTRUM
ZUIDZANDSTR.
DWEERSSTRAAT
KORTE VULDERSSTR.
VAN BRUGGE
SINT-JAN IN DE MEERS
BAKKERSSTR.
KOOL-BRANDERSSTR.
ST.-OBRECHTS-STR.
WESTMEERS
GARSOEN-STR.
EILAND
BUITEN
PARKING STATION
53
STATIONS-PLAIN
HOOGSTE.
ZAN
T ZAND
PARKING T ZAND
70
KONING ALBERT I-LAAN
N342
MANSREI
NEVERSTR.
KL. HOEF-IJZERSTR.
VRIJDAGMARKT
GLO-RIBUS STR.
SINT-GODELIEVE-ABDIJ
VRIJ TECHN. INSTIT.
BEGIJNENVEST
BUITEN BEGIJNENVEST
KLEINE KUIPERSSTR.
ZEVENSTERRENSTR.
V.T.I.
PAALSTRAAT
ZWIJNSTRAAT
BEURSHALLE
HAUWERSTRAAT
68
KAPUCIJNEN
BOEVERIESTRAAT
JORIS DUMERY-PLEIN
SPOORWEGSTRAAT
KAMIMAKERSSTR.
KREUPLENSTR.
GREINSCHUURSTR.
SMEDENSTRAAT
69
BEURS-PLEIN
KLOKSTRAAT
FONTEINSTR.
VAN VOLDEN-STR.
HENDRICK CONSCIENCELAAN
KONING ALBERT I-LAAN
RIJSELSTRAAT
GUIDO GEZELLELAAN
MAAGDENSTRAAT
BUITEN BOEVERIEVEST
STATIONSLAAN
BOEVERIEPOORT
N397
BUITEN SMEDENVEST
51
SMEDEN-POORT
SINGEL
BUITEN SMEDENVEST

SOMMAIRE

Photos :
Danny de Kievith : pages 2, 5-b, 6-b, 8-a-b, 10-c, 17-a-b, 23-e-f, 27, 35, 46-b, 48-b, 49-a, 50, 53, 61-b, 62-a, 63-a, 66, 70 et 77-b.
Andrew Critchell : pages 3, 6-a, 7-a, 13-a, 14-b-c, 15-a-b, 16-b, 18, 19, 24, 25-b, 26, 28-a, 37-b, 39-a, 42, 43, 46-a, 49-b, 51, 57, 58, 59, 60, 61-a, 62-b, 63-b, 65-a, 67, 68, 69, 72-a, 73-d, 74, 75-b, 76 et 77-a et couvertures.

EDITORIAL FISA ESCUDO DE ORO, S.A.
Tel: 93 230 86 00
info@eoro.com

Protegemos el bosque; papel procedente de cultivos forestales controlados
Wir schützen den Wald. Papier aus kontrollierten Forsten.
We protect our forests. The paper used comes from controlled forestry plantations
Nous sauvegardons la forêt: papier provenant de cultures forestières controlées